I0825811

ALPHONSE DAUDET

LES

ABSENTS

PROVERBE

PARIS

IMPRIMERIE PARISIENNE. — DUPRAY DE LA MAHÉRIE

BOULEVARD BONNE-NOUVELLE, 26, (IMPASSE DES FILLES-DIEU, 5)

1863

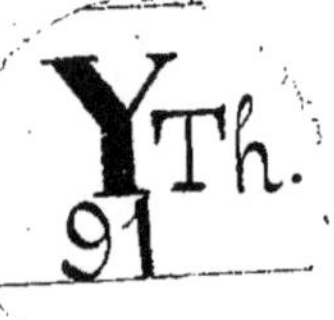

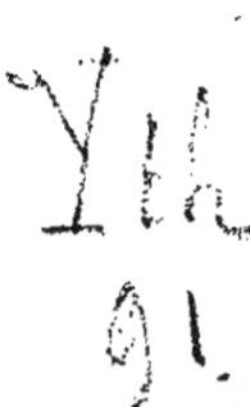

LES ABSENTS

PROVERBE

Un intérieur moitié bourgeois, moitié paysan, anciens meubles, crédences, bahuts, un vieux clavecin tout ouvert; au fond, porte vitrée sur les jardins; à droite, fenêtres sur la rue, ainsi qu'une porte; à gauche, porte de dégagement. Sur les bahuts et les dressoirs, grand étalage de faïences, passion de dame Brigitte; des fleurs sur sa croisée; glace rococo au-dessus du clavecin.

SCÈNE PREMIÈRE

DAME BRIGITTE, puis SUZETTE et BRÈCHEMAIN.

BRIGITTE, *entrant par la droite, laisse tomber une lettre qu'elle vient de lire et se laisse choir dans son fauteuil.*

Oh! oh! ô mon Dieu. (*Appelant*) Suzette! Brèchemain! Suzette, Suzette!

SUZETTE, *venant par la gauche.*

Qu'as-tu, maman?

BRIGITTE, *suffoquant.*

Eustache...

SUZETTE.

Eh bien ! Eustache?

BRIGITTE.

Il arrive!

SUZETTE.

Il arrive! est-ce possible ! en es-tu sûre ! comment le sais-tu ? (*Appelant*) Brèchemain ! Brèchemain !

BRÈCHEMAIN, *en dehors.*

J'y vas.

BRIGITTE.

Brèchemain ! Brèchemain !

BRÈCHEMAIN, *accourant.*

J'y vas, que diantre !

SUZETTE ET BRIGITTE.

Brèchemain ! Brèchemain !

BRÈCHEMAIN.

Puisque je vous dis que j'y vas. (*Il entre.*)

SUZETTE, *lui sautant au cou.*

O mon vieux Brèchemain, si tu savais : il arrive ! il arrive !

BRÈCHEMAIN, *ahuri.*

Qui ? quoi ? qu'est-ce qui arrive? Ce n'est pas M. Eustache, j'imagine?

BRIGITTE, *riant et pleurant.*

Si, si, Eustache ! il arrive ! il est là !

BRÈCHEMAIN.

Où ça donc?

BRIGITTE, *cherchant sa lettre.*

Allons, bon ! je ne sais plus ce que j'en ai fait.

SUZETTE, *éplorée.*

O maman ! qu'est-ce que tu en as fait?

BRÈCHEMAIN.

Comment? comment? Eustache arrive, votre neveu arrive, et vous ne savez plus c· que vous en avez fait?

BRIGITTE, *cherchant toujours.*

Mais non, pas Eustache... sa lettre... Ah ! la voilà !

SUZETTE, *la prenant.*

Une lettre? voyons.

BRÈCHEMAIN, *la prenant à Suzette.*

Ça vient de lui, ce chiffon de papier? Pour voir...

BRIGITTE, *la lui arrachant.*

Malhonnête!

SUZETTE.

Bah! quand on est pressé.

BRIGITTE.

Si vous êtes pressés, venez çà tous les deux derrière mon grand fauteuil; c'est moi qui veux vous lire la lettre de notre ami. (*Elle s'assied.*) Où sont mes lunettes à présent!

SUZETTE, *lisant par-dessus son épaule.*

« De la ville d'Aix, ce trois du mois de juin, mes chers... »

BRIGITTE.

Je les tenais, il n'y a qu'un instant.

SUZETTE, *cherchant à lire.*

« Mes chers amis... »

BRIGITTE, *fermant la lettre.*

D'abord mes lunettes, ou pas d'Eustache.

BRÈCHEMAIN.

Mais, dame Brigitte, vous les avez sur les yeux...

SUZETTE.

Oui, maman, sur les yeux.

BRIGITTE.

C'est vrai... que voulez-vous, mes enfants? Il y a là, depuis cinq minutes, de grosses larmes qui m'aveuglent; — de bien bonnes larmes par exemple. (*Elle essuie ses yeux et ses lunettes.*)

SUZETTE.

Oh! petite mère, que c'est long!

BRÈCHEMAIN.

Le fait est, dame Brigitte, qu'en allant de ce train-là nous en avons jusqu'aux petits pois de l'an qui vient.

BRIGITTE.

J'y suis, j'y suis; hum! hum! brum! (*Lisant.*) « Mes chers amis, hier dimanche à
» trois heures de relevée, votre Eustache, coiffé d'une barrette et vêtu d'une longue robe,
» a passé ses derniers examens sous une grêle de boules blanches : c'est vous dire si
» ces messieurs ont été contents. Saluez-moi, je suis docteur... »

SUZETTE.

Bravo!

BRÈCHEMAIN.

Docteur ! ce gamin-là est reçu docteur ! Voyez-vous ça. Je vas lui demander quelque chose pour mes engelures.

SUZETTE.

Mais non, mais non; docteur ! cela ne veut pas toujours dire médecin ; cela signifie aussi un savant, un érudit .. mais continue, maman.

BRIGITTE, *lisant.*

» Pensez qu'après un tel triomphe on éprouve le besoin d'envoyer plume et barrette
» aux cinq cents diables et de s'en aller fainéantiser quelque part, à la campagne, chez
» des amis excellents, dans une bonne vieille maison qu'on n'a pas revue depuis
» tantôt dix ans... »

BRÈCHEMAIN.

Dix ans ! il y a déjà dix ans qu'Eustache a quitté la ferme !

BRIGITTE.

Mais oui, mon pauvre vieux ; en ces dix ans nous avons fait trois fois le voyage d'Aix pour aller l'embrasser ; mais lui, l'ingrat ! il n'est jamais revenu par ici.

SUZETTE.

Dam ! il fallait travailler... Continue, maman.

BRIGITTE.

« Donc, j'arriverai mercredi soir à la ferme... »

SUZETTE.

Aujourd'hui !

BRIGITTE.

« Par la voiture du père Trinquier... »

BRÈCHEMAIN,

C'est ma foi vrai ! que c'est pour aujourd'hui.

SUZETTE.

Oui... Continue maman.

BRIGITTE, *lisant.*

» Ah ! mes chers bien-aimés, si vous saviez quelle joie je me fais de me retrouver
» au milieu de vous ; je vais donc revoir encore tante Brigitte en contemplation
» devant ces belles faïences qui faisaient autrefois la passion de mon pauvre oncle, et
» que depuis elle entoure de tous ses soins et de toute sa vénération. » (*Essuyant une larme.*) Mon Eustache, va !

SUZETTE.

Continue, maman.

BRIGITTE, *lisant.*

« Je le reverrai aussi, mon vieux Brèchemain, ce patriarche de la bèche et de » l'arrosoir, heureux comme un empereur au milieu de ses pois gourmands et de ses » groseilles. »

BRÈCHEMAIN.

Vrai ! dame Brigitte, vrai ! c'est dans la lettre ce que vous me dites-là ?

BRIGITTE.

Tu pourrais, si tu savais lire, t'en assurer par toi-même.

BRÈCHEMAIN.

Je vous crois, dame Brigitte ; c'est égal ! montrez-moi l'endroit où il parle de mes groseilles.

SUZETTE, *le repoussant.*

Laisse achever la lettre d'abord... Continue, maman.

BRIGITTE, *lisant.*

« Enfin et sur toute chose, je pourrai la regarder à mon aise, ma mie Suzette. » (*On sonne.*) On sonne, Brèchemain !

BRÈCHEMAIN, *à la croisée.*

Heuh ! c'est Léonard ! (*Il reprend sa position.*)

SUZETTE.

C'est Léonard ! Continue, maman.

BRIGITTE, *lisant.*

« Ma mie Suzette, la petite fée aux grands yeux, aux doigts agiles... » (*Second coup de sonnette.*)

BRÈCHEMAIN.

Léonard qui s'impatiente ! quel miracle !

SUZETTE.

Continue, maman... (*Elle se penche sur sa mère et lit.*) « Chère fauvette à tête blonde, » je vais donc t'entendre encore, toi et ton adorable défaut de langue. » (*Troisième coup de sonnette.*) Tu peux aller ouvrir, Brèchemain ; il n'y a plus rien pour moi.

SCÈNE II

LES MÊMES, LÉONARD.

BRÈCHEMAIN *ouvre, et, sans rien dire à Léonard, revient près du fauteuil.*

La suite ! Je demande la suite !

LÉONARD. (*Il porte un petit plumeau à la main droite, un rouleau de papier à la main gauche, des paquets sous le bras ; (il salue timidement.*)

Bonjour, tout le monde.

SUZETTE, *lisant toujours.*

La lettre finit là ; il termine en nous embrassant tous, y compris le valet de ferme et le gros chien Moustache.

LÉONARD.

Bonjour, tout le monde.

BRÈCHEMAIN.

C'est singulier : les bonnes nouvelles me produisent un drôle d'effet ; j'ai du brouillard plein les yeux, de grands coups dans la tête, comme du temps de ma typhoïde. (*Il va à l'armoire et se sert un fort coup de vin.*)

BRIGITTE.

Et moi donc ! mes jambes tremblent la fièvre...

SUZETTE.

Eh bien ! moi, c'est tout le contraire ; je sens des ailes pousser à mes bottines, et si je ne me retenais, il me semble que... prrrt

LÉONARD.

Bonjour, tout le monde.

SUZETTE, *en s'inclinant sur Léonard.*

Une grande nouvelle ! Léonard ; mon cousin, vous savez, le cousin dont je vous ai tant parlé, eh bien ! il arrive...

LÉONARD, *haut, avec un sourire.*

Ah ! (*Bas, avec une larme.*) Oh !

BRIGITTE, *se levant.*

Oui, Léonard, notre cher neveu Eustache sera ici dans quelques heures, et vous trouvez toute la maison bien, bien heureuse. Dis-moi, petite, une idée, une bonne idée même... Si...

LÉONARD, *s'approchant.*

Dame Brigitte ! je suis allé hier à la ville, et voici ce que j'en ai rapporté pour vous ; un joli petit plumeau rouge pour épousseter les faïences.

BRIGITTE, *distraite.*

On vous sait gré de l'attention, Léonard ; c'est charmant !

LÉONARD.

J'ai pensé que cela serait plus commode ainsi; — tenez, voyez! sans rien toucher ni déranger (*Il époussète.*)

BRIGITTE.

Allons merci! merci! (*Léonard pose le plumeau sur une étagère.*)

SUZETTE.

Tu avais une idée, maman, une bonne idée même...

BRIGITTE.

C'est vrai! ce maudit Léonard se fourre toujours dans vos jambes ou dans vos phrases; donc je disais... d'abord quelle heure est-il?

SUZETTE.

Deux heures...

BRIGITTE.

Deux heures!... trois heures, quatre heures, cinq heures... Eustache n'arrivera pas avant cinq heures... Que dirais-tu, petite, si l'on faisait atteler l'Alouette, et si nous allions attendre la voiture de Trinquier au Grand-Ménil? — Ce serait toujours une heure de gagnée, hein?

SUZETTE, *lui sautant au cou.*

Que je t'embrasse pour ta bonne idée!

BRIGITTE, *souriant.*

Tout à l'heure c'était Brèchemain qu'on embrassait; c'est mon tour maintenant; vous verrez qu'elle embrassera son cousin jusque sur les joues de Léonard.

BRÈCHEMAIN.

Si on attèle l'Alouette, il faut emmener Guillaume pour conduire; car votre vieux Brèchemain n'a plus l'œil assez bon.

SUZETTE.

Quelle affaire! nous emmènerons Guillaume...

BRÈCHEMAIN.

C'est cela, nous emmènerons Guillaume, et ici nous laisserons tout grand ouvert : la maison, le jardin, la basse-cour; belle occasion pour les moineaux, les renards et les voleurs!...

BRIGITTE.

Qui t'empêche d'emporter les clefs, père Tremble-fort?

BRÈCHEMAIN.

Une heure pour fermer, une heure pour ouvrir; voilà, certes, du temps bien employé!...

SUZETTE.

Dam! comment faire? Nous emmènerons Guillaume, et tu garderas la maison...

BRÈCHEMAIN.

Voilà une mauvaise parole, demoiselle Suzette; vraiment moi, Brèchemain, son vieux Brèchemain, le patriarche Brèchemain, comme il dit dans sa lettre, vous me condamnerez à voir mon enfant une heure après tout le monde?... oh!

SUZETTE, *vivement.*

Pardonne-moi; mais alors comment pouvons-nous...

LÉONARD, *toussant un peu.*

Hum! hum!

BRIGITTE.

Léonard a raison, parbleu! et nous voilà bien embarrassés pour peu de chose.

SUZETTE.

Votre offre est d'un bon ami, Léonard, et nous l'acceptons de grand cœur.

BRÈCHEMAIN, *lui frappant dans le dos.*

Ce Léonard! j'ai toujours dit qu'on en ferait un brave garçon.

LÉONARD, *s'incline et sourit.*

Vous êtes tous bien honnêtes!

BRIGITTE.

C'est entendu; Léonard gardera la maison jusqu'à notre retour.

LÉONARD.

Jusqu'à votre retour, dame Brigitte.

SUZETTE, *sautant de joie.*

Oh! quel bonheur! un temps superbe! Eustache! la voiture! nous le mettrons dans le fond n'est-ce pas, maman?

BRIGITTE.

Tôt, tôt, père Brèchemain. Va passer ta plus belle veste et dire à Guillaume d'atteler...

BRÈCHEMAIN.

Ça ne sera pas long.

BRIGITTE.

Moi, j'entre promptement dans ma robe jaune à ramages, et toi, Suzette?

SUZETTE.

Oh! moi, je suis prête; un foulard autour du cou, trois fleurs dans mes cheveux et me voilà... Je sais ce qu'il lui faut.

BRIGITTE, *entrant à gauche.*

Vite, vite, Brèchemain.

BRÈCHEMAIN, *allant vers le fond.*

Voilà! voilà!

LÉONARD, *l'arrêtant timidement.*

Monsieur Brèchemain, j'ai là quelques graines d'hortensias et plusieurs marcottes d'œillets : l'espèce en est assez rare, et vous me feriez honneur en les agréant.

BRÈCHEMAIN, *prenant les paquets.*

Bon Dieu! mon pauvre Léonard, vous voyez bien que je n'ai pas le temps de m'occuper de vous... donnez toujours... Mais pour Dieu! mon garçon, ne vous fourrez donc pas sans cesse au milieu comme cela, vous ressemblez à M. Jeudi, un gaillard qui, depuis trois mille ans, est toujours au milieu de la semaine. (*Il sort en riant.*)

SCÈNE III

SUZETTE, LÉONARD.

SUZETTE, *cherche à mettre des fleurs dans ses cheveux devant la glace.*

Maudites fleurs, va! on dirait qu'elles le font exprès. (*Elle frappe du pied.*) Voulez-vous tenir, tas de roses!

LÉONARD.

Toutes les fleurs sont capricieuses, demoiselle Suzette; les plus petites surtout.

SUZETTE.

Au pays des fleurs, plus on est petit, plus on embaume. Vivent les petites fleurs, monsieur Léonard.

LÉONARD, *la main sur le cœur.*

Vivent les petites fleurs!

SUZETTE, *parvenue à mettre des roses dans ses cheveux.*

Franchement, Léonard, je ne suis pas trop laide comme cela!

LÉONARD, *avec un cri.*

Trop laide?

SUZETTE.

Oh! je sais bien que pour vous... mais pour mon cousin ce n'est plus la même chose... Songez donc! un garçon de la ville d'Aix, un docteur qui passe des examens avec une barrette et une robe longue... Vous n'êtes pas docteur, vous, Léonard ?

LÉONARD.

Non, mademoiselle Suzette, moi, je ne suis pas docteur.

SUZETTE.

Vous n'êtes docteur, en rien du tout?

LÉONARD.

En rien du tout...

SUZETTE.

Au reste, vous n'avez guère ce qu'il faut pour cela... Un docteur, c'est un beau jeune homme brun, l'œil brillant, les cheveux ébouriffés, bien affilé de la langue, tapageur comme la poudre, un peu myope, très-alerte, la main droite au gousset, le feutre sur une oreille...

LÉONARD.

Ceci est le signalement de M. Eustache, j'imagine.

SUZETTE.

A coup sûr, ce n'est pas celui de Léonard : Léonard est un excellent jeune homme, blond et long, doux et mou, bien peigné du reste, et fort galant dans sa veste bleue ; un peu timide, par exemple, toujours sur la pointe des pieds, toujours à voix basse ; quand il entre quelque part, chut! on dirait qu'il y a des malades...

LÉONARD.

Les petites fleurs sont capricieuses, demoiselle Suzette; jamais méchantes...

SUZETTE, *lui tendant la main.*

Je ne veux être ni l'une ni l'autre avec vous, Léonard... Que tortillez-vous donc là depuis une heure?

LÉONARD.

La musique que mademoiselle a composée pour son cousin Eustache, et dont elle m'avait demandé une copie..

SUZETTE.

Voyons... c'est, ma foi! très-propre, et vous êtes un copiste fort adroit... Sur le clavecin, je vous prie. (*Léonard pose la musique.*)

SUZETTE.

Ah! Léonard, Léonard, si vous saviez comme le cœur me bat à l'idée que dans une heure, mon cousin sera là, à la place où vous êtes, et que je le verrai comme je vous vois.

LÉONARD.

Oui, mais pas du même œil.

SUZETTE.

Par exemple! j'ai quelque chose qui trouble ma joie, et comme disent messieurs les docteurs, il y a une mouche dans mon gobelet; il faut que vous me l'ôtiez.

LÉONARD, *à part.*

Je suis un gobe-mouche : elle a raison.

SUZETTE.

En toute sincérité, je vous le demande, Léonard, trouvez-vous que je m'en sois un peu corrigée?

LÉONARD.

Corrigée de quoi? demoiselle Suzette?

SCÈNE III

SUZETTE.

Vous savez bien ce dont je veux parler... la... le... Voyons le... mon défaut de langue. Enfin, croyez-vous qu'il ait disparu?

LÉONARD.

Ma fine! demoiselle Suzette, je n'ai jamais pris garde à ce défaut-là chez vous...

SUZETTE.

Vous croyez?... Il est vrai que j'ai fait tout mon possible pour m'en défaire, mais ce qui m'enrage, c'est qu'avec les gens dont j'ai l'habitude, avec Brèchemain, avec maman Brigitte, avec vous, enfin avec tous ceux dont la présence ne m'intimide pas, comment dirai-je? ne m'impressionne pas, vous comprenez...

LÉONARD.

J'ai compris, demoiselle Suzette.

SUZETTE.

Eh bien! avec tout ce monde mon défaut disparaît... J'enfile les *s* les unes après les autres, sans effort; mais quand je suis troublée, quand je suis émue, avec Eustache, par exemple, oh! alors, ça me tient, ça me tient.

SCÈNE IV

LES MÊMES, BRIGITTE, BRÈCHEMAIN.

BRIGITTE, *elle entre en coup de vent.*

En route! en route!

SUZETTE, *passant son fichu.*

Je suis prête.

BRIGITTE.

Et Brèchemain ?

BRÈCHEMAIN, *paraissant et faisant claquer un grand fouet.*

Quand on voudra !

BRIGITTE.

Vite ! vite ! nous sommes en retard. A propos, Léonard, si vous voulez vous distraire pendant notre absence, faites un brin de toilette à mes faïences, en l'honneur du neveu ; elles sont de la famille aussi !... Que tout flambe et que tout reluise là-dessus, n'est-ce pas ? Surtout ne cassez rien ; adieu, Léonard.

BRÈCHEMAIN.

Adieu, Léonard ; n'oubliez pas d'ouvrir un œil sur le jardin : il y a dans le pays des gens qui en veulent à mes groseilles.

SUZETTE, *qui est déjà dehors.*

En voiture ! en voiture !

BRIGITTE, *sur le seuil.*

Léonard, je vous recommande mes faïences.

BRÈCHEMAIN, *en dehors.*

Attention à mes groseillers, Léonard.

LÉONARD, *s'approchant de la fenêtre.*

Bonjour tout le monde !

SCÈNE V

LÉONARD, *seul à la fenêtre.*

Fouette, cocher ; fouette, mon ami ; tu portes des gens heureux qui vont à une grande fête ! Fouette, Guillaume, encore plus fort, mon garçon ; fouette pour monsieur le docteur ; fouette pour monsieur Eustache ; fouette aussi pour madame Brigitte, qui ne se tient pas d'aise sur les banquettes du char-à-bancs ; fouette pour Brèchemain, qui se mouche et qui pleure de joie ; fouette encore pour mademoiselle Suzette, que tant de bonheur a rendue féroce ; il faut fouetter, vois-tu, Guillaume ; fouette toujours, mais fouette donc, bourreau ! (*Sur ce dernier cri il vient tomber la tête dans les mains sur le vieux fauteuil.*) Ainsi voilà ce qui m'attendait après quatre années de travaux et de peines ; pendant quatre ans, j'aurai fait ici une besogne de galérien et d'imbécile, pour l'amour de deux beaux yeux, qui ne m'auront pas une fois regardé ! Ai-je été assez lâche pourtant, assez plat, assez hypocrite ? Me suis-je assez longtemps fait l'esclave et le courtisan de toutes les manies de la maison ? Pour complaire à monsieur Brèchemain j'ai étudié à fond le Parfait Jardinier ; pour la vieille tante Brigitte, je suis devenu l'adorateur fanatique de la collection du défunt, et tandis que chez papa on me traitait de fainéant, j'apprenais à copier de la musique pour mettre au net les compositions de mademoiselle Suzette! A quoi tout cela m'a-t-il servi, pécaïre? à garder la maison aujourd'hui mercredi, pendant qu'on se porte en foule au-devant de monsieur le docteur. Heureux Eustache! Lui, du moins, on n'est pas habitué à le voir arriver tous les jours à la même heure, entrer, saluer et s'asseoir de la même façon. Heureux Eustache! il est loin, il est absent; on parle de lui, on le regrette, on le pleure, on l'aime! heureux Eustache! Ah! si j'avais pu m'éloigner à mon tour, si j'avais eu le courage de m'exiler quelque part, peut-être aurait-on songé à moi aussi... Hé! hé! il avait du bon ce Léonard! qui sait? peut-être... Allons! allons! l'ami, assez de divagations; tu oublies que monsieur Eustache, le beau docteur, est l'enfant chéri de la maison, et que toi, tu es Léonard, le fils d'un pauvre pasteur de village, Léonard, l'homme timide, l'homme à la veste bleue, Léonard gobe-mouches, Léonard cendrillon, Léonard, enfin! c'est-à-dire quelque chose entre le valet Guillaume et le chien Moustache; quelque chose qui aime bien et dont on a parfois besoin. (*Il essuie une larme.*) Dame Brigitte avait raison, il me faut un peu de faïence pour me distraire; voyons cela. (*Il commence à épousseter l'étagère.*)

SCÈNE VI

LÉONARD, EUSTACHE.

EUSTACHE.

Et vive le bon roi René, patron des étudiants de Provence!

LÉONARD, *se retournant.*

Aïe, le docteur, je parie. Attends! attends! (*Haut.*) Qui va là? qu'est-ce que c'est? un voleur? (*criant*) Au secours!

EUSTACHE.

Hein? plaît-il? qu'est-ce qu'il lui prend à celui-là? Hé! l'homme!

LÉONARD.

Au secours! à l'aide! à moi!

EUSTACHE.

Mais taisez-vous donc, imbécile! Je ne suis pas un malfaiteur, mille diables!

LÉONARD.

Ne m'approchez pas! ne m'approchez pas!

EUSTACHE.

Pour le coup, voilà un accueil auquel je ne m'attendais guère.

LÉONARD.

Au secours!

EUSTACHE, *s'assied dans le fauteuil.*

Hé! l'ami! puisque vous êtes en voix, appelez donc bien fort ma tante Brigitte, et dites-lui, je vous prie, qu'Eustache vient d'arriver.

LÉONARD, *s'approchant un peu.*

Ah! c'est vous qui êtes monsieur Eustache?

EUSTACHE.

Aussi vrai que vous vous appelez Léonard.

LÉONARD.

Tiens! vous me connaissez?

EUSTACHE.

Je ne vous connais pas; mais je vous reconnais au portrait que m'ont fait de vous les lettres de Suzon.

LÉONARD, *avec ironie.*

Je suis ressemblant, à ce qu'il paraît?

EUSTACHE, *le toisant.*

Frappant, mon cher! (*Il se lève.*) Ah çà! monsieur Léonard, maintenant que vous voilà remis de vos frayeurs, vous m'apprendrez, j'imagine, où vous avez caché ma famille?

LÉONARD, *il se remet à épousseter.*

Votre famille? je ne sais pas; j'ai entendu dire... (*se ravisant*) les dames sont allées faire une promenade en voiture avant dîner. Attrape!

EUSTACHE, *moitié riant, moitié fâché.*

Ma foi! voilà ce qui s'appelle manquer proprement son entrée! Comment? je reviens ici, après dix ans d'absence. J'annonce mon arrivée à son de trompe; je grimpe sur la diligence, la diligence n'allant pas assez vite, je descends à trois lieues de la ferme. Je prends à travers champs, je franchis les fossés, j'enjambe les murs; les paysans aboient après moi, les chiens me jettent des pierres; je sue, je ruisselle, le cœur me bat. Enfin, j'arrive; j'entre la canne haute, les bras ouverts... Personne, ni ma tante, ni Suzon, ni Brèchemain, ni Guillaume, ni le chien, ni le cheval, personne! Ah! si un monsieur, qui me prend pour un voleur, et qui appelle la gendarmerie.

LÉONARD, *à part.*

Monsieur le docteur n'a pas l'air satisfait de sa réception.

EUSTACHE.

Savez-vous si la promenade sera longue, monsieur Léonard?

LÉONARD, *sans tourner la tête.*

Jusqu'au dîner, je suppose, monsieur Eustache.

EUSTACHE.

Je n'ai plus qu'à me revêtir de patience et à les attendre paisiblement dans un bon fauteuil. (*Il s'assied.*) C'est égal! quoique mon entrée soit manquée, mais là bien manquée, je crois que je vais les embrasser de bon cœur! Cette petite Suzon doit s'être faite si jolie, n'est-ce pas, mons Léonard?

LÉONARD.

Vous dites, monsieur Eustache?

EUSTACHE.

Je dis que Suzon doit être plus jolie que jamais!

LÉONARD.

Heu! toujours la même...

EUSTACHE, *se levant.*

Ah çà! qu'est-ce qu'il peut donc fourrager là-dessus depuis une heure (*il s'approche.*) Eh! bon Dieu! les faïences de tante Brigitte que je ne reconnaissais plus... pauvre vieille tante! lui en ai-je cassé de ces assiettes, quand j'étais gamin, et chaque fois c'étaient des cris, des scènes, des colères. Excellente femme, va! (*Il veut toucher les assiettes.*)

LÉONARD.

Oh! ne touchez rien, monsieur Eustache; je vous en conjure, un malheur est si vite arrivé.

EUSTACHE.

Voulez-vous dire que je suis plus maladroit que vous, monsieur Léonard?

LÉONARD.

Je ne l'entends pas ainsi, monsieur Eustache; ce n'est que l'habitude qui vous manque.

EUSTACHE.

Allons donc! monsieur Léonard, l'habitude! Je joue avec ces choses-là comme avec le premier bilboquet venu.

LÉONARD.

C'est à Aix que vous avez appris, alors?

EUSTACHE.

Oui, monsieur le plaisantin, c'est à Aix que j'ai appris, et tenez, vous qui raillez si finement, mais qui n'osez toucher à ces assiettes qu'en tremblant et du bout de vos doigts de coton, donnez-m'en une grande ou petite à votre gré. Je vais, pendant une heure, vous la faire tourner comme un derviche au bout de la canne que voici.

LÉONARD.

Vous ne ferez pas cela, monsieur Eustache; ces faïences me sont confiées, et c'est moi qui suis responsable en cas d'accident.

EUSTACHE.

Puisque je vous dis qu'il n'y a pas d'accident possible.

LÉONARD.

Après tout, que monsieur Eustache fasse comme il lui plaira; mais de tout ce qui peut arriver, je me lave les mains par avance.

EUSTACHE.

Encore! mais, grand Saint-Thomas que vous êtes, regardez-moi donc si vous ne me croyez pas. (*Il ajuste une assiette au bout de sa canne.*)

LÉONARD, *à part.*

Je donnerais bien gros pour que dame Brigitte entrât, juste à ce moment.

EUSTACHE, *continuant son exercice.*

Il faut d'abord que la main se fasse!

LÉONARD, *étonné.*

Ah çà! est-ce qu'il ne va pas la casser...

EUSTACHE, *s'animant.*

Eh! allons donc!

LÉONARD, *à part et dépité.*

Vous verrez qu'il ne la cassera pas.

EUSTACHE.

M. Léonard trouve-t-il toujours que l'habitude nous manque?

LÉONARD, *à part.*

C'est qu'il est adroit comme un singe.

EUSTACHE.

Si j'avais mon autre canne avec moi, vous en verriez bien d'autres.

LÉONARD.

Sans vous flatter, monsieur Eustache, vous me semblez de première force; mais nous avons dans le village quelqu'un qui vous rendrait encore des points.

EUSTACHE, *s'arrêtant.*

Me rendre des points, à moi, pauvre garçon! Sachez donc qu'à ce jeu-là comme au jeu de paume et au jeu de quilles, et au jeu d'osselets, et à l'escrime, et au bâton, et à la boxe, et au chausson, je suis le roi de la ville d'Aix; mais quel est ce quelqu'un, je vous prie?

LÉONARD.

Un membre du conseil municipal, le cousin du tambour de la mairie...

EUSTACHE.

Et ce conseiller municipal, que fait-il de si prodigieux, — pour voir?

LÉONARD.

Oh! lui, il ne se contente pas de faire valser une assiette au bout d'un bâton ; il prend deux, trois, quatre, cinq, six assiettes, et il jongle avec.

EUSTACHE, *riant.*

Ah! ah! ah! mais c'est le B, A, BA du métier, cela. *Rosa*, la rose; *bonus, bona, bonum.* Les verbes actifs veulent l'accusatif; mais votre conseiller municipal est un élève de 18e. Ah! ah! ah!

LÉONARD.

Alors, vous, monsieur Eustache, vous sauriez jongler avec six assiettes?

EUSTACHE.

Autant d'assiettes que vous voudrez, et sur l'heure même, si je n'avais pas le bras engourdi...

LÉONARD.

Nenni! nenni! nous jouons ici un jeu trop dangereux pour le faire durer plus longtemps...

EUSTACHE.

Je vais vous prouver qu'il n'y a pas le moindre danger...

LÉONARD.

Non! monsieur Eustache, croyez-moi.

EUSTACHE.

Laissez-moi donc tranquille à la fin des fins, vous m'ennuyez...

LÉONARD.

Après tout, cassez et brisez à votre aise; je continue à m'en laver les mains.

EUSTACHE.

Je suis sûr de moi. (*Il jongle et les assiettes tombent.*)

LÉONARD.

Patratras! une de cassée. Je l'avais bien dit.

EUSTACHE.

Quoi? qu'est-ce que vous m'avez dit? que j'aurais juste le soleil dans les yeux? votre conseiller municipal ne jongle pas avec le soleil dans les yeux, par hasard? (*Il va prendre d'autres assiettes.*)

LÉONARD, *effaré.*

Vous allez recommencer?

EUSTACHE.

Je recommence. (*Il tourne le dos au soleil et continue son exercice.*)

LÉONARD.

Moi aussi. (*Il fait le geste de se laver les mains ; nouvel accident, deux assiettes tombent.*)

EUSTACHE.

Pour le coup, c'est trop fort !

LÉONARD.

Il y en a deux cette fois.

EUSTACHE.

Je les crois ensorcelées, ces coquines-là ; elles étaient cassées avant d'arriver à terre.

LÉONARD, *ramassant les assiettes.*

Que va dire dame Brigitte? Des faïences qui lui venaient de son mari? Ah! mon Dieu ! voici justement la voiture qui revient... Vite ! vite !

EUSTACHE.

Eh bien quoi? qu'y a-t-il? ne dirait-on pas que tante Brigitte va me donner le fouet?

LÉONARD.

Alors vous préférez laisser tout au milieu, comme cela.

EUSTACHE, *un peu troublé.*

Au fait, la bonne femme est un peu sensible, surtout à l'endroit de la collection de feu mon oncle ; vous avez peut-être raison, M. Léonard ; mais où diable enfouir tous ces cadavres?

LÉONARD.

Oh ! je sais une jolie petite cachette. (*Il sort à gauche emportant les débris dans un pan de sa veste.*)

SCÈNE VII

EUSTACHE, BRIGITTE, SUZETTE, BRÈCHEMAIN, puis LÉONARD.

BRIGITTE.

Où est-il? où est-il?

EUSTACHE.

Dans vos bras, ma tante.

BRIGITTE.

Eustache, mon enfant! (*Elle l'embrasse.*) Comme il est beau! comme il a grandi! que je t'embrasse encore!

BRÈCHEMAIN.

Prêtez-le moi, dame Brigitte, prêtez-le moi je vous le rendrai...

EUSTACHE.

Eh! voilà mon vieux Brèchemain plus vert, plus gaillard, plus jeune que jamais...

BRÈCHEMAIN, *très-ému.*

C'est le plaisir de vous voir qui me rajeunit, mon bon monsieur Eustache.

EUSTACHE.

Et Suzette?

BRIGITTE.

Elle est là... Eh bien, Suzette?

EUSTACHE, *allant à Suzette restée debout près de la porte.*

Bonjour, Suzon.

SUZETTE, *bas et émue.*

Bonjour mon cousin.

BRIGITTE.

Ah! çà! qu'est-ce qu'il lui prend à cette petite fille! Tout à l'heure encore elle bavardait, elle gambadait et maintenant la voilà muette, pâle, tremblante; Suzette, qu'as-tu, mon mignon? Suzette! eh!

EUSTACHE.

Ma cousine est peut-être malade?

SUZETTE.

Oh! ce n'est rien... la voiture... la chaleur... J'étais sortie sans ma capeline, le soleil...

BRÈCHEMAIN.

Ta... ta... ta... la voiture, la capeline, le soleil, et le cousin donc?

EUSTACHE, *prenant la main de Suzette.*

Comment? Suzette, c'est moi qui...

BRIGITTE.

Et sans doute, c'est toi qui... (*Suzette cache sa figure dans les bras de sa mère.*) Nous l'aimons tant, ce mauvais sujet-là!

EUSTACHE.

Eh bien! vrai... l'émotion et la joie que ma présence vous cause à tous me rendent heureux et fier comme je ne saurais dire; — entre nous, j'avais été un peu fâché en arrivant, de trouver la maison vide et tout le monde à la promenade.

BRIGITTE.

Tu savais pourtant que nous étions allés au devant de toi.

SUZETTE.

Oui, méchant, et cela nous a même bien bouleversés de voir la diligence arriver au Grand-Ménil, sans Eustache; c'est de là que je tenais mon envie de pleurer...

EUSTACHE.

Mais M. Léonard ne m'a rien dit de tout cela... Selon lui, vous étiez allés prendre l'air.

LÉONARD, *qui s'est approché à pas de loup.*

Dame! je ne savais guère ce que je disais en ce moment; M. Eustache est entré si brusquement...

EUSTACHE.

Que M. Léonard m'a pris pour un malfaiteur et s'est bravement enfui vers la porte en criant : « à la garde. » (*On rit.*)

SUZETTE.

Comment? Léonard, vous avez peur des voleurs à ce point-là... on prend un fusil, morbleu!

BRÈCHEMAIN.

L'ami Léonard a comme bien des gens assez d'esprit pour inventer la poudre, pas assez de courage pour s'en servir...

LÉONARD, *à part.*

Ah! M. le docteur, je vous revaudrai tout cela...

BRIGITTE.

Allons! allons! n'accablez pas ce pauvre Léonard; quand Eustache aura fait plus ample connaissance avec lui, il verra comme nous que dans ce grand poltron il y a un garçon excellent, bien élevé, plein d'obligeance, surtout très-soigneux.

BRÈCHEMAIN, *qui causait avec Suzette.*

Notre demoiselle a raison, dame Brigitte, M. Eustache doit avoir des dents terriblement longues...

BRIGITTE.

Le fait est, mon beau neveu, que tu les avais autrefois d'une fort jolie longueur et que si elles ont grandi comme le reste....

EUSTACHE, *riant.*

Comme le reste, ma tante.

BRIGITTE.

Embrasse-moi vite alors : je n'ai pas de temps à perdre pour mon dîner. Tôt! tôt! père Brèchemain, tu vas envoyer Guillaume à la basse-cour et toi-même iras tordre le cou à la plus belle salade.

EUSTACHE.

Oh! les salades de Brèchemain! j'en ai la bouche encore toute parfumée...

BRÈCHEMAIN.

Et mes pois gourmands, dont vous parliez dans votre lettre? c'est ça qui est fameux.

DAME BRIGITTE.

Surtout servi dans des belles assiettes à fleurs bleues, que ton oncle aimait tant. (*Mouvement d'Eustache.*) Qu'as-tu?

EUSTACHE.

Rien... J'ai faim.

SUZETTE.

Pauvre Eustache! tout le monde songe à lui faire fête, personne à lui faire à dîner.

BRIGITTE.

Elle a raison; allons! Brèchemain, à ta salade...

BRÈCHEMAIN.

C'est juste; à vos fourneaux, dame Brigitte...

LÉONARD, *toussant pour montrer qu'il est là.*

Hum! hum!

BRIGITTE.

Oui, oui, Léonard; c'est convenu, vous dînerez avec nous.

LÉONARD.

C'est beaucoup d'honneur, dame Brigitte.

BRIGITTE, *à Brèchemain.*

Eh bien ! qu'est-ce que tu fais là ?

BRÈCHEMAIN.

Je vous attends...

EUSTACHE.

Allons ! bon, vous verrez que ce fameux dîner s'en ira en conversations.

BRIGITTE.

Je m'en vais. *(Elle s'éloigne et revient sur ses pas.)* A propos, Eustache.

BRÈCHEMAIN, *revenant.*

Hein ?

BRIGITTE.

Rien... rien... *(Elle sort à gauche et Brèchemain par le fond.)*

SCÈNE VIII

SUZETTE, LÉONARD, EUSTACHE.

EUSTACHE.

Çà ! ma petite Suzon, puisque c'est toi qui me tiens compagnie, viens t'asseoir ici, près de moi sous ce grand rayon de soleil qui nous a vus tant de fois rire et jouer ensemble... Je te dis que c'est le même, je le reconnais. *(Suzette s'approche de lui.)* Enfin, je vais pouvoir te regarder à mon aise et reprendre où nous l'avions laissé notre cher bavardage du temps jadis !... Oh ! Suzette, si tu savais de combien de bonnes choses j'ai le cœur rempli, et quel ineffable plaisir j'éprouve à me trouver ici... tout ce qui m'entoure, ces meubles, ces vieux meubles sous lesquels nous courions comme un couple de souris, ces chers coins où l'on se blottissait pour lire Robinson Crusoé, cette tapisserie, ces dessins, ces fleurs, toutes ces choses de mon passé. Je les reconnais et je les aime... toi aussi, toi surtout, Suzette, ma jolie Suzette d'autrefois, ma belle Suzette d'aujourd'hui, je te reconnais.

LÉONARD, *même jeu que précédemment.*

Hum ! hum !

EUSTACHE, *baissant la voix.*

Voici par exemple un meuble nouveau, que je ne reconnais pas et que je n'aime guère...

SUZETTE, *même ton.*

Oh ! il n'est pas gênant.

EUSTACHE.

C'est égal, je demande qu'on le déménage...

SUZETTE, *haut.*

Léonard !

LÉONARD.

Demoiselle Suzette ?...

SUZETTE.

M. le pasteur n'est pas prévenu que vous dînez avec nous, vous feriez sagement, je crois, d'aller l'avertir.

LÉONARD.

J'y vais de ce pas, demoiselle Suzette.

EUSTACHE.

A revoir, monsieur Léonard.

LÉONARD.

Bonjour, tout le monde. (*Il sort.*)

SCÈNE IX

SUZETTE, EUSTACHE.

EUSTACHE.

Il vient ici tous les jours, ce grand dadais ?

SUZETTE.

Et même plusieurs fois par jour.

EUSTACHE.

Pour quoi faire ?

SUZETTE.

Ça l'amuse.

EUSTACHE.

Et toi, cela t'amuse-t-il ?

SUZETTE.

Léonard est si complaisant, si tu savais ; il trouve tant de façons de se rendre utile ! Aujourd'hui c'est des plantes rares qu'il apporte à Brèchemain, une autre fois...

EUSTACHE.

Et pour toi, quelle est son utilité?

SUZETTE.

Dam! quand maman et Brèchemain sont occupés, ce qui arrive souvent, j'ai toujours, grâce à Léonard, quelqu'un à qui parler de ..

EUSTACHE.

De?

SUZETTE.

De... vine!...

EUSTACHE, *avec animation.*

Vraiment, Suzette, tu parlais de moi pendant mon absence? Tu songeais à moi, vraiment?

SUZETTE.

Si j'en parlais, si j'y songeais; mais de qui pouvais-je parler, Dieu juste! à qui pouvais-je songer? ma mère et Brèchemain n'ont jamais quitté la maison..... Raisonnablement, je ne pouvais pas songer à eux, Léonard? Oh! celui-là, il peut cesser toutes visites et s'en aller là-bas d'où tu viens et même plus loin, peut-être m'arrivera-t-il de parler de lui, mais pour y songer, jamais!

EUSTACHE.

Alors, nos beaux projets d'il y a dix ans, quand nous jouions ici même; nos belles promesses de l'autre année, quand tu es venue me voir là-bas, projets d'enfants, promesses plus sérieuses, l'absence n'a rien changé à tout cela?

SUZETTE.

L'absence ne peut rien contre les affections sincères.

EUSTACHE.

Pourtant nous avons à Aix un fameux proverbe sur les absents...

SUZETTE.

Méfie-toi des proverbes d'Aix, ce sont des gascons.

EUSTACHE.

C'est vrai... (*Un moment de silence.*) Suzette.

SUZETTE, *devant le piano.*

Mon cousin?

EUSTACHE.

Veux-tu m'embr... (*Suzette fait courir sa main sur le piano.*) Oh! mon Dieu, qu'est-ce que cela? (*Il reste debout derrière elle, lui tenant la taille.*)

SUZETTE.

Quoi? mon piano?

EUSTACHE.

Tu appelles ça un piano, merci. (*Il l'embrasse.*) C'est clavecin que tu devrais dire, et encore épinette serait mieux, quoique ceci tienne plutôt de la mandoline ou de l'harmonica.

SUZETTE.

Méchant, voilà comment tu traites un vieil ami?

EUSTACHE.

Comment? un vieil ami? Est-ce que ce serait...

SUZETTE.

Mais, oui, toujours le même.

EUSTACHE.

Vraiment! c'est là ce fameux piano sur lequel l'illoustre senor Fonseca venait te donner tes leçons trois fois par semaine? Allons donc! veux-tu rire! l'autre était un piano-forte superbe, majestueux comme un orgue, luisant comme un miroir. Oh! je me le rappelle fort bien; il y avait un *mi* qui ne marchait pas... Veux-tu que je te chante le premier air que tu as joué dessus? Un air adorable que je me suis souvent fredonné, tout seul, là-bas dans ma petite chambre, c'étaient deux mesures de boléro, t'en souviens-tu?

SUZETTE, *souriant.*

Parfaitement; je me souviens même qu'en ce temps-là, cet air adorable avait le don de t'agacer beaucoup...

EUSTACHE.

Pas celui-là... un autre peut-être...

SUZETTE.

Si, si, celui-là, le même, joué sur l'harmonica que voici...

EUSTACHE.

Eh bien! sais-tu, Suzette, puisque rien n'est changé ici dedans ni le piano, ni le cœur, ni le reste, nous allons reconstruire une de nos belles heures dorées d'autrefois; prends ton tabouret, moi je prends ma chaise, toi là, moi ici; tes doigts sur le clavier, mon oreille contre le piano; en route maintenant et vive la musique pour évoquer le souvenir!

SUZETTE, *assise au piano.*

Mais tu plaisantes... mais que veux-tu que je te joue? Mais je ne sais rien!

EUSTACHE.

Oh! ne dis jamais cela, Suzette, je t'en prie: Je ne sais rien! C'est le début éternel des sonates interminables et des poëmes qui n'en finissent plus... tous les accapareurs de pianos et de coins de cheminées commencent par là: « Je ne sais rien! » Ne dis pas que tu ne sais rien, Suzette!

SUZETTE.

Que veux-tu que je te dise? Je ne vois rien à te jouer, moi; je n'ai pas de mémoire, je n'ai pas de musique!

EUSTACHE.

Bah! la première chose venue, une mesure de quoi que ce soit, pourvu qu'il n'y ait pas de variations dedans... Est-ce qu'on a besoin de musique pour cela? Et d'ailleurs en voilà de la musique. (*Il prend la romance posée sur le clavecin.*)

SUZETTE.

Oh! non! Eustache, pas cela; tu te moquerais trop de moi...

EUSTACHE.

Des variations?

SUZETTE.

Pas précisément... mais...

EUSTACHE, *rassuré.*

Si ce ne sont pas des variations, pourquoi veux-tu que je m'en moque... J'aime la musique, diavolo! pas les variations par exemple. (*Il ouvre la romance.*) Hein?... tiens... tiens...

SUZETTE, *suppliant.*

Eustache...

EUSTACHE.

Ah çà! mais... comment... comment... tu ne m'avais jamais dit...

SUZETTE.

Non, je ne veux pas...

EUSTACHE, *lisant.*

« Le retour des lilas, » paroles et musique de mademoiselle S.., dédié à son cousin Eust... Je crois bien qu'on n'a pas besoin de musique ici! à quoi bon? quand on en fait...

SUZETTE.

Eustache! Eustache! si tu ris, je vais pleurer; prends garde.

EUSTACHE.

Il ne faut pas pleurer, peste; il faut chanter... Voyons! voyons! ce retour des lilas...

SUZETTE.

Non, jamais devant toi...

EUSTACHE.

Jamais devant moi? devant qui, alors? devant Léonard? Pourquoi, diable, me dédier des romances, si tu les chantes à tout le monde et pas à moi.

SUZETTE.

Tu étais si loin quand j'ai fait mes lilas, je n'oserai plus maintenant.

EUSTACHE.

Eh bien! Suzon, puisque tu oses quand je ne suis pas là, figure-toi que je n'y suis plus, ne regarde pas de mon côté; suppose-moi très-loin, en voyage, absent, et chante comme si j'étais à Aix, ou sinon, prends garde, j'y retourne, tu chanteras bien alors. (*Suzette pousse un soupir et commence la ritournelle après avoir toussé.*) (*Eustache entre ses dents* :) Qui se serait douté de cela pourtant?

SUZETTE, *se retournant.*

Hein?

EUSTACHE.

Rien! ta ritournelle est charmante... Continue...

SUZETTE, *d'une voix tremblante.*

Il m'a promis de revenir,
Quand les lilas auraient des fleurs nouvelles...
Mon Dieu! si les lilas n'allaient pas refleurir...

EUSTACHE.

Comment dis-tu?

SUZETTE.

Quoi?

EUSTACHE.

Le dernier vers, reprends le dernier vers: Mon Dieu! si les lilas...

SUZETTE.

Mon Dieu! si les lilas n'allaient pas refleurir...

EUSTACHE, *avec intention.*

Mon Dieu! si les lilas n'allaient pas...

SUZETTE.

C'est bien ce que je dis : Mon Dieu! fi les lilas n'allaient...

EUSTACHE.

Mais non, mais non, tu dis toujours : Mon Dieu! fi les lilas... C'est: Mon Dieu! si les lilas...

SUZETTE, *intimidée, essayant encore.*

Mon Dieu! fi...

EUSTACHE.

Par ma barrette! on dirait qu'elle le fait exprès; c'est cependant fort simple! « Mon Dieu! si les... » Voyons! dis avec moi : Mon Dieu!...

SUZETTE, *décontenancée tout à fait, est prise d'un violent défaut de langue.*

Mais, Eustache, tu fais bien que j'ai un défaut de langue qui m'interdit les s, surtout quand je suis intimidée; tu le fais bien, méchant, puisque dans ta lettre de ce matin...

EUSTACHE.

Franchement, ma pauvre petite, je ne me souvenais pas que ce fût aussi prononcé... Sans quoi, au lieu de t'en faire mon compliment, je t'aurais engagée dans toutes mes lettres à te débarrasser d'un tic si désagréable pour toi.

SUZETTE.

Merci pour vos conseils, mon cousin; par bonheur, tout le monde n'est pas de votre avis, et tout à l'heure encore, ici même, quelqu'un me complimentait sur ce que vous avez la bonté d'appeler un tic désagréable.

EUSTACHE, *souriant.*

Pardon, Suzette; monsieur Léonard n'a pas les mêmes raisons que moi pour se plaindre de ton infirmité; il s'appelle Léonard lui; mais moi je m'appelle *Eustafe*.

SUZETTE, *indignée.*

Oh! (*Elle se lève, chiffonne la romance et la jette dans un coin.*) Mon cousin, si l'absence vous a fait oublier mon défaut de langue, l'absence m'avait fait oublier aussi votre défaut de cœur; vous vous êtes chargé de me le rappeler... merci!

EUSTACHE, *toujours souriant.*

Veu! veu! veu! Hou! le vilain petit amour-propre! Bon! des larmes maintenant, là! là! Suzette, ma mie, sèche tes jolis yeux et ne te chagrine pas à propos de mouches; tu sais bien comme je suis, Suzon, toujours le même, brutal, étourneau, brise-vitres, mais rien de plus... Voyons! pardonne-moi et recommence ta petite musique, veux-tu? je ne te dirai plus rien; d'ailleurs je te cherchais une querelle d'Allemand, qu'est-ce que cela fait, je te demande, qu'on dise : Mon Dieu! fi les lilas, ou : Mon Dieu! si les lilas? est-ce qu'on écoute les paroles d'une romance?... Et du reste, si l'on écoute les tiennes qui sont charmantes, bast! on comprendra tout de même malgré la prononciation... on croira que tu méprises les lilas, que tu en fais fi et que tu dis : fi les lilas ! fi donc les lilas ! hein ? c'est ingénieux ! Voyons Suzette, une ! deux ! trois ! boute ! pousse ! Embrasse-moi.

BRIGITTE, *en dehors effarée.*

Suzette !

SUZETTE.

Oh ! mon Dieu ! maman qui m'appelle, et mes yeux qui sont tout rouges. (*Elle essuie ses yeux.*)

BRIGITTE, *en dehors.*

Suzette ! Suzette !

SUZETTE.

Je viens. (*Elle va vers la cuisine.*)

EUSTACHE, *courant après elle.*

Un baiser avant de sortir.

SUZETTE, *très-radoucie.*

Ni avant ni après, tu es trop méchant. (*Elle s'échappe et sort.*)

SCÈNE X

EUSTACHE, *seul.*

Ma foi ! l'interruption vient à propos ; je ne savais plus qu'inventer pour guérir ce grand désespoir... était-elle charmante ainsi, toute rouge et baignée de larmes, comme une reine-Claude à la rosée de trois heures, et n'est-ce pas dommage qu'un si beau fruit porte son ver comme les autres ! Dieu me pardonne ! je crois qu'elle appelle cela un défaut de langue... Non ! certes, ce n'est pas un défaut... c'est un vice, un vice épouvantable, fait pour empoisonner toutes les ivresses du tête-à-tête... Que diantre voulez-vous faire d'une femme qui s'appelle *Fuvette*, qui vous appelle *Eustafe* et qui vous dit *ve vous vaime !* A distance et de souvenir, on trouve cela charmant ; cela vous accroche l'oreille, cela chatouille, cela caresse ; mais de près, dans le tête-à-tête... (*En parlant, il s'est allongé dans le fauteuil et se met à bâiller.*) Décidément je trouve qu'au lieu d'aller au-devant de la diligence, il eût été plus sage de m'attendre ici, la soupe au chaud, le vin au frais. C'est qu'il est très-tard. Voilà le soleil qui commence à dégringoler là-haut de branche en branche... A cette heure-ci, tous mes camarades les étudiants sont déjà sur le Cours à jouer au mail pour faire la digestion... Ah ! quand on a bien dîné rien ne vaut une bonne partie de mail, à douze ou quinze joyeux compagnons, entre deux haies de spectateurs, avec de la bière de Strasbourg qu'on boit pendant les entr'actes sur de petites tables vertes. (*Tristement, en regardant autour de lui.*) Je crois bien qu'on va manquer de bien des choses ici dedans. (*Autre bâillement.*)

Singulière nature que la mienne! A cette grosse fièvre de joie qui me tenait tout à l'heure, subitement et sans raison succède une lassitude effroyable... Oui, maintenant que j'ai revu et embrassé tout mon monde, il me semble que rien ne me retient ici et que, bonsoir! je n'ai plus qu'à tirer mes grègues... Pour bien faire, il faudrait toujours que ce fût le moment où l'on arrive, le joyeux quart d'heure des embrassements et des poignées de mains : « Comment vas-tu! — Comme il a grandi! et ceci, et cela et le reste... Dix minutes d'enthousiasme, et puis et puis... Bah! chassons ces méchantes idées, et surtout ne troublons pas la joie de ces braves gens pour un petit accès nostalgique (*il tire une allumette de la poche de son gilet*) qui va disparaître dans la fumée d'un londrés... Comment! pas de cigares, ah! si, en voilà un. (*L'allumette touche à sa fin.*) Bon! plus une allumette! c'est que je me brûle les doigts. (*Il aperçoit en se penchant la romance tombée près du fauteuil, met le pied dessus et en déchire un morceau étourdiment.*) Voilà mon affaire! (*Il tortille le papier et allume son cigare.*) C'est exquis. (*Se levant tout d'un coup*) Aïe! et ma tante, qui s'évanouit à l'odeur du tabac, je l'avais oublié! Dieu merci! elle m'a fait cependant une assez jolie scène, le jour de ma première cigarette. (*Il va pour éteindre son cigare, puis se ravisant.*) Ma foi, je ne l'éteins pas; j'aime mieux l'aller fumer dehors, le nez au ciel, le dos sur l'herbe. En passant, je reverrai tous mes anciens amis, le chien Moustache, ces grands platanes que j'ai tant de fois escaladés et la large pierre luisante sur laquelle je jouais aux billes devant le puits... Bah! le cigare, le grand air, le souvenir, tout cela me fera prendre patience jusqu'au dîner. (*Il sort par le fond.*)

SCÈNE XI

SUZETTE, DAME BRIGITTE.

Elles entrent par la gauche; Suzette soutient sa mère abattue.

BRIGITTE.

Je n'accuse personne, Suzette, personne; seulement des émotions pareilles sont terribles à mon âge!... tu le comprends, n'est-ce pas. (*Elle tombe dans un fauteuil et flaire à droite et à gauche en parlant.*) Va! c'est une cruelle chose, quand vous êtes vieux, de voir s'en aller avant vous une bonne part de ce que vous aimez...

SUZETTE.

Quel guignon! faut-il que ce pauvre Léonard ait eu la main malheureuse! car enfin il n'y a que lui qui ait touché là-dessus...

BRIGITTE.

Ne dis pas cela, ma fille; Léonard n'est pour rien dans tout cela, j'en suis bien sûre... Léonard ne casse pas, lui; il a trop de cœur et trop d'adresse. Non! non! ce n'est pas Léonard!...

SUZETTE.

Tu as raison, maman ; ce n'est pas Léonard. Ce doit être Moustache, qui, pendant notre absence, aura fourragé ici dedans.

BRIGITTE.

Ne dis pas cela, ma fille ! Brave chien ! il aime trop sa vieille maîtresse pour lui faire une si grande peine. Non ! non ! ce n'est pas Moustache !

SUZETTE.

Pourquoi ne serait-ce pas Moustache ! Voyons, il est curieux, comme un domestique, partout il faut qu'il mette son museau, et quand il met le museau... dam ! il met les pattes...

BRIGITTE, *ironiquement.*

Oui, c'est cela, Moustache est monté sur une chaise, Moustache a pris les trois assiettes sur l'étagère d'en haut.

SUZETTE.

Léonard les avait peut-être descendues.

BRIGITTE.

Puis, une fois les assiettes cassées, Moustache, toujours Moustache, a porté les débris à la cuisine et les a cachés dans le buffet, sous les serviettes (*avec indignation*), oui, sous les serviettes, sous la mienne ! C'est là que j'ai retrouvé mes pauvres faïences, ou du moins ce qu'il en restait. Vois-tu, Suzette, Moustache n'est pas assez étourdi pour aller cacher les preuves de son crime sous ma serviette, à l'heure du dîner... non ! non ! ce n'est pas Moustache.

SUZETTE, *elle se met à genoux devant sa mère et lui prend les mains.*

Voyons ! chère petite mère, ne te chagrine pas ainsi... Dans toutes les grandes villes, à Aix, par exemple, il est des gens très-habiles à raccommoder toutes sortes de choses, eh bien ! quand mon cousin retournera...

BRIGITTE, *ironique.*

Ah ! oui ! ton cousin ! où est-il passé, ton cousin !

SUZETTE, *avec un peu d'embarras.*

Au jardin, sans doute... avec Brèchemain ; il était là il n'y a qu'un instant... Miséricorde ! maman, comme te voilà pâle ! Qu'est-ce que tu as ? tu souffres ?

BRIGITTE.

Vite ! vite ! les fenêtres, ouvre les fenêtres... encore, encore. Ah ! je sais ce que c'est maintenant...

SUZETTE, *effarée.*

Qu'est-ce que c'est, mon Dieu ?

BRIGITTE.

Mon flacon! donne-moi mon flacon! là-bas, sur la cheminée. (*Elle respire le flacon.*) Aussi... j'éprouvais... depuis tout à l'heure un malaise... un je ne sais quoi.. Est-ce que tu n'éprouves rien, toi?

SUZETTE.

Non!

BRIGITTE.

Comment! tu ne sens pas, tu n'as pas senti une odeur épouvantable (*baissant la voix*), comme si quelqu'un avait fumé.

SUZETTE.

Oh! maman.

BRIGITTE, *éclatant.*

Je te dis qu'on a fumé, Suzette! C'est la seconde fois que je la rencontre, cette odeur maudite du tabac, et je la reconnais, quoiqu'il y ait bien dix ans de cela.

SCÈNE XII

LES MÊMES, BRÈCHEMAIN.

BRÈCHEMAIN. *Il entre en brandissant un râteau.*

C'est une infamie!

SUZETTE.

Ah! mon Dieu! encore!

BRÈCHEMAIN.

Je dis que c'est une infamie, une infamie épouvantable, et que si je les découvre, nom d'un râteau! voilà qui leur fera passer le goût de la maraude!

BRIGITTE.

Qu'est-ce qu'on t'a fait, à toi, mon pauvre Brèchemain?

BRÈCHEMAIN.

Ce qu'on m'a fait, dame Brigitte? allez voir au fond du jardin, là-bas, où j'avais planté mon grand carré de salades; allez-y voir, dame Brigitte. Vous saurez alors ce qu'on m'a fait... Ah! les gueux! ah! les régicides! ils ont tout fouillé, pillé, violé, saccagé... La clôture est jetée à bas, la salade meurtrie à coups de talons de bottes... romaine, laitue, chicorée, tout! mon cassis, mes artichauts, mes fraises, mes groseilles... ils n'ont rien épargné, rien, pas même un pauvre petit persil, jaune-vert, tout frais semé, qui aurait attendri une bande de Mexicains...

SUZETTE.

Pauvre Brèchemain!

BRÈCHEMAIN.

Et moi qui ne me doutais de rien, moi qui tout tranquillement venais d'aider Guillaume à tordre le cou à notre plus belle dinde... Vous pensez, quand je suis arrivé là et que j'ai vu cette orgie, ce massacre, cet abattoir! Ah! malheur! si j'en avais tenu un! alors la colère m'a pris, j'ai empoigné un râteau et... et... je suis venu tout vous raconter d'une haleine.

BRIGITTE.

Touche là, mon pauvre vieux, touche là! Ils ne pouvaient pas épargner tes salades, ceux qui n'avaient pas respecté les faïences du défunt.

BRÈCHEMAIN.

Les faïences? est-ce qu'on aurait fait aussi du mal aux faïences?

BRIGITTE.

Les trois plus belles pièces de la collection... brisées en morceaux! deux grands plats, une assiette.

BRÈCHEMAIN.

Oh!

BRIGITTE.

On m'aurait demandé les trois doigts de ma main, que je les aurais donnés en souriant pour conserver ces trois pièces.

BRÈCHEMAIN.

Et moi, dame Brigitte, songez donc! un amour de petite chicorée, toute blanche et si bien frisée...

BRIGITTE, *montrant l'étagère.*

Elles étaient là... depuis la mort de mon pauvre homme.

BRÈCHEMAIN.

Des groseilles qui devenaient plus grosses que des prunes.

BRIGITTE.

Et j'espérais bien les y voir jusqu'à mon dernier souffle.

SUZETTE, *attendrie.*

Maman! maman! tu vas me faire pleurer...

BRÈCHEMAIN.

Mais enfin, il y a donc un mauvais génie qui s'est glissé dans la ferme? Où est-il? quel est-il? puisqu'il est venu, qu'il revienne (*brandissant le râteau*), qu'on lui parle un peu face à face, entre les deux oreilles! (*La porte s'ouvre, entre Léonard.*)

SCÈNE XIII

Les Mêmes, LÉONARD.

LÉONARD.

Bonjour, tout le monde.

BRÈCHEMAIN.

Vous voilà, vous! (*Il jette son râteau et lui saute à la gorge.*) Vous venez bien.

LÉONARD.

Mais vous me faites mal, monsieur Brèchemain.

BRÈCHEMAIN.

Ah! c'est comme ça que vous gardez les potagers qu'on vous confie.

LÉONARD, *suffoquant.*

Ce cher monsieur Brèchemain me fait bien du mal...

SUZETTE.

C'est qu'il l'étrangle tout de bon...

BRIGITTE, *arrachant Léonard des mains du jardinier.*

Allons! tiens-toi, mon vieux, tiens-toi; que diable! on laisse les gens s'expliquer d'abord.

LÉONARD.

Oui... oui... qu'on s'explique...

BRIGITTE.

Remettez-vous, Léonard, tâchez de répondre à mes questions...

LÉONARD.

Oui, dame Brigitte.

BRIGITTE.

Qu'êtes-vous devenu pendant que nous trottions vers le Grand-Ménil?

LÉONARD.

Je n'ai pas bougé d'ici, dame Brigitte.

BRIGITTE.

Ne vous êtes-vous pas éloigné un instant?

LÉONARD.

Pas une minute.

BRÈCHEMAIN, *furieux.*

Mais alors, c'est lui qui...

BRIGITTE, *à Brèchemain.*

Tais-toi. (*à Léonard.*) Avez-vous épousseté là-dessus comme je vous en avais prié. (*Elle montre l'étagère.*)

LÉONARD.

Oui, dame Brigitte, j'étais même en train quand M. Eustache est venu.

BRÈCHEMAIN.

Au fait! où est-il, Eustache? je n'y pensais plus...

BRIGITTE.

Tais-toi... et alors, Léonard?

LÉONARD.

Alors, M. le docteur a commencé ses exercices...

BRIGITTE.

Des exercices! Quels exercices?

LÉONARD.

Oh! des exercices très-forts qu'on leur fait faire là-bas dans leur institution; c'est très-joli!

SUZETTE, *à part.*

Je respire.

BRIGITTE.

Drôle d'idée de se mettre au travail en arrivant.

LÉONARD.

La vue de ces assiettes a tenté M. le docteur...

BRIGITTE.

La vue de ces assiettes?

LÉONARD.

Mais oui, il paraît qu'on leur apprend à faire danser des assiettes au bout de leur canne; c'est dans le règlement.

BRIGITTE.

Ah! je l'avais deviné... C'est Eustache qui a cassé ma faïence.

LÉONARD.

Mais non! mais non! dame Brigitte.

SUZETTE.

Mais non! mais non! maman.

LÉONARD.

Ce n'est pas en jouant comme cela (*il fait le geste de la danse des assiettes au bout de la canne*) que le malheur est arrivé. C'est en jonglant comme ceci, ce qui est autrement difficile.

BRIGITTE, *lui sautant au collet.*

Mais, scélérat, tu l'as donc laissé faire?

SUZETTE.

Oh! maman! maman!

LÉONARD.

J'étouffe. .

BRÈCHEMAIN.

Voyons, voyons, dame Brigitte, du calme! du calme!

BRIGITTE.

Pourtant vous le saviez bien, monsieur; ce n'était pas seulement avec ma faïence qu'on jonglait devant vous; vous saviez qu'on me briserait le cœur en la brisant; vous le saviez et vous avez regardé sans rien dire...

LÉONARD.

Hélas! j'ai bien hasardé quelques observations; mais M. le docteur les a si mal reçues... que pouvais-je de plus! je ne suis pas de la maison, moi! et puis, dame Brigitte, je me suis souvenu comme vous l'adoriez tous, et je me suis dit: « Bast! on lui pardonnera vite à ce neveu gâté qu'on n'a pas vu depuis si longtemps, qui arrive de si loin, et qui, pour arriver plus tôt, vient de faire trois lieues, au pas de course, franchissant les fossés, renversant les clôtures.

BRÈCHEMAIN, *avec un grand cri.*

Ah! c'est lui...

LÉONARD.

Et ravageant tout sur son passage avec une adorable pétulance.

BRÈCHEMAIN.

C'est lui... c'est ce brigand d'Eustache!

BRIGITTE.

Tu avais raison, Brèchemain, un mauvais génie est entré dans la ferme, et ce mauvais génie...

SUZETTE.

Oh! maman! ce n'est pas méchanceté... c'est étourderie...

LÉONARD.

Eh! mon Dieu! oui, dame Brigitte, un peu trop de nerfs, de fougue, de jeunesse... mais tout ce qu'il fait, allez! c'est sans songer à mal... une muraille l'embarrasse? bon! voilà la muraille à bas... l'envie de casser lui prend? patatras! les assiettes de la tante... il faut du papier pour allumer son cigare? et allez donc! voilà la romance de demoiselle Suzette en morceaux.

SUZETTE.

Ma romance?

LÉONARD, *ramassant les morceaux.*

Ma foi! oui, voici, je crois, tout ce qu'il en reste; c'est dommage! elle était bien copiée.

SUZETTE.

Oh! (*avec abattement*) je ne le défends plus.

SCÈNE XIV

LES MÊMES, EUSTACHE.

EUSTACHE. *Il entre en se frottant les tibias.*

Ce n'est pas un chien, ce Moustache! c'est une bête féroce! — Ah? voilà les invités au grand complet! — Pourquoi, diable, ne muselle-t-on pas un animal pareil? Belles dames, quand vous voudrez passer dans la salle du festin... Allons, monsieur Léonard, la main à Suzette. (*Offrant le bras à Brigitte*) Ma tante!

BRIGITTE, *sévèrement.*

On ne dine pas.

EUSTACHE.

On ne dîne pas? et pourquoi, juste Dieu? Ah çà! que vous est-il donc arrivé! c'est funèbre comme une assemblée de créanciers, ici... des yeux gonflés, des soupirs et des visages d'une longueur...

BRIGITTE.

Voici ce qui nous est arrivé, Eustache... écoute bien. Il nous est arrivé un méchant garçon, un trouble-joie, un gâte-fête, auquel moins d'une heure a suffi pour mettre notre cher paradis à feu et à sang...

EUSTACHE.

Aïe! nous y voilà, les assiettes...

BRIGITTE.

Au lieu du paisible bien-aimé que nous attendions, il nous est arrivé un Pandour en ribotte, qui est entré ici la canne haute, le cigare à la bouche, le billet de logement au shako... il nous est arrivé...

EUSTACHE.

Peste! comme vous y allez ma tante: gâte-fête, trouble-joie, Pandour en ribotte! C'est beaucoup pour un peu de faïence peinte.

DAME BRIGITTE.

Taisez-vous; vous êtes un méchant et un ignorant. Un peu de faïence peinte! Si votre pauvre oncle était là, il vous dirait au juste la valeur et le nom des trois chefs-d'œuvre que vous avez détruits: moi, je ne puis vous dire qu'une chose : Vous avez fait une vilaine action.

EUSTACHE.

Voyons, ma tante, calmez-vous, que diable! on vous les fera raccommoder.

BRÈCHEMAIN.

Par la même occasion, monsieur le docteur, si on pouvait raccommoder mes artichauts et mes groseilles, cela me rendrait un fier service tout de même.

EUSTACHE.

Bon! à un autre maintenant; voyons! que lui ai-je fait à ce vieux père Brèchemain? Ah! j'y suis... là-bas... dans le jardin... n'est-ce pas? en passant j'aurai chiffonné quelques herbes...

BRÈCHEMAIN.

Quelques herbes!...

SUZETTE, *s'approchant.*

Laisse, mon vieux Brèchemain, laisse. Je suis curieuse de savoir par quelle nouvelle insolence M. le docteur va s'excuser auprès de moi?

EUSTACHE.

Comment? Suzon, toi aussi?

SUZETTE.

Oh! moi, je ne viens pas te faire des reproches, mais seulement mes offres de service. Oui, mon cousin, dorénavant j'aurai soin, si tu veux le permettre, de te composer une jolie romance tous les matins pour que tu aies toujours sous la main de quoi pouvoir allumer tes cigarettes... Veux-tu, dis?...

EUSTACHE.

Aïe! voilà bien mon étourneau!...

LÉONARD.

Ce *Retour des lilas* m'avait coûté beaucoup de peine, monsieur le docteur... pensez! presque tout des doubles croches... c'est plus long à copier.

EUSTACHE, *d'un air féroce.*

Dites donc, l'ami Léonard, je ne vous ai encore rien cassé ni déchiré, n'est-ce pas? fort bien! (*Léonard passe derrière Suzette.*) Or çà, mes bons parents, c'est là tout ce que vous aviez à me dire, je suppose? A table maintenant, je meurs de faim.

BRIGITTE.

Nenni! nenni! mon cher Eustache, ce n'est point là tout ce que nous avions à te dire; il reste encore à te dégoiser le fin mot de la chose, et je m'en vais le faire en deux temps... Vois-tu, beau neveu, malgré les superbes diplômes, malgré les moustaches superbes que tu as gagnées depuis que nous ne t'avions vu, malgré ta barrette, malgré ta robe longue, tu es toujours resté, je m'en aperçois un peu tard, le même garnement d'autrefois, tapageur, turbulent, myope, maladroit... L'absence et l'éloignement nous avaient fait oublier ces mauvais côtés de ton séjour ici, mais tu t'es promptement chargé de nous les rappeler... Eh bien!

EUSTACHE.

Eh bien, ma tante?

BRIGITTE.

Eh bien! mon neveu, tandis que là-bas tu devenais homme, ici nous devenions vieux, et dam! quand on se fait vieux, on se fait exigeant... Depuis ton départ, nous avons pris ici des habitudes de repos et de calme qu'il nous serait difficile, qu'il nous serait cruel de perdre : — tu me comprends, n'est-ce pas? — Pour ma part, j'aimerais mieux je ne sais quoi, plutôt que d'être encore empoisonnée par cette horrible odeur du tabac, et comme tu me parais tenir beaucoup à fumer les cigares...

EUSTACHE.

Mon congé, n'est-ce pas?... Touchez là, ma tante, vous êtes dans le vrai... Si depuis que je suis arrivé, je ne me suis pas répété vingt fois ce que vous venez de me dire, je veux bien coucher à la ferme ce soir. Oui, tante Brigitte, vous avez raison; en dépit de tout, l'absence est une charmeresse, l'absence est une bonne déesse, l'absence est une fée! Qu'elle touche un de nous du bout magique de sa baguette, le voilà soudain enveloppé d'un nuage rose, un cercle d'or au front, des étoiles dans chaque main... oui, l'absence embellit tout.... d'un défaut de langue insupportable.

SUZETTE.

Infolent!

EUSTACHE.

Elle en fait un adorable susurrement; sous ses doigts enchanteurs les affreuses maladies de la faïence et du légumage....

BRIGITTE et BRÈCHEMAIN.

Malhonnête !

EUSTACHE.

Deviennent des manies attendrissantes, et cette bête féroce qu'on nomme Moustache, un aimable gardien du foyer domestique.... oui, l'absence embellit tout, et pour aimer éternellement, il faudrait vivre éternellement loin de ce qu'on aime.

BRÈCHEMAIN.

Ce que vous dites là est peut-être bien savant; mais, foi de Brèchemain, je n'y vois qu'une chose, c'est qu'au lieu de passer par-dessus les murs vous auriez mieux fait d'entrer par la porte.

EUSTACHE.

Rassure-toi, vieux maniaque, si je ne suis pas entré par là ; c'est bien par là que je vais sortir et sans perdre une minute encore. La voiture de Trinquier repart pour Aix à sept heures, je repartirai avec elle. Dans l'état où sont les choses et les estomacs, si je restais seulement une seconde de plus, cela finirait, je crois, par mal finir. Vite, mon chapeau, ma canne?

LÉONARD, *les lui présentant.*

Voilà. (*Eustache lui allonge un vigoureux coup de canne dans les jambes.*)

EUSTACHE.

Bonjour, tante Brigitte, père Brèchemain, bonjour, adieu Suzette. (*Il ferme la porte avec bruit.*)

LÉONARD, *joyeux, mais se frottant les jambes.*

Bon voyage, monsieur le docteur.

SCÈNE XV ET DERNIÈRE

BRIGITTE, LÉONARD, BRÈCHEMAIN, SUZETTE.

BRIGITTE.

Au fait, j'aime mieux cela ; avec des salpêtres pareils, on sait tout de suite à quoi s'en tenir.

BRÈCHEMAIN.

Ça lui apprendra à regarder où il marche !

SUZETTE.

Une autre fois, il ne prendra pas des mélodies pour des allumettes.

LÉONARD.

Allez ! dame Brigitte, ne vous chagrinez pas ; dès demain j'irai à la ville avec les débris de vos assiettes, et je ne reviendrai pas que le malheur ne soit réparé.

BRIGITTE.

Oh ! Léonard, si vous faisiez cela...

LÉONARD.

Quant au digne M. Brèchemain, ma foi ! nous mettrons à bas la veste bleue pour l'aider à reformer son carré que les Pandours ont défoncé, pas vrai ?

BRÈCHEMAIN, *lui farppant sur l'épaule*

Voila la crême des bons garçons.

LÉONARD.

Inutile de dire à demoiselle Suzette que je suis prêt à recopier autant de musique qu'il lui plaira d'en faire déchirer.

SUZETTE, *lui tendant la main.*

Merci, Léonard.

LÉONARD.

Vous verrez, mes amis, vous verrez ; nous recommencerons à vivre ici dedans, bien heureux et bien clos, sans avoir besoin de personne. (*Il se frotte les mains.*)

SUZETTE.

C'est égal, maman, si grands que fussent ses torts, nous n'aurions pas dû le laisser partir à jeun !

BRÈCHEMAIN.

C'est vrai que le pauvre diable s'en va le ventre creux, comme il est venu...

BRIGITTE.

Vous m'y faites songer maintenant ; aussi pourquoi est-il si vif, ce drôle-là ?

SUZETTE.

Tu le sais, c'est tout le portrait de son père, ce frère qui te ressemblait tant...

BRIGITTE.

A tout prendre, je suis allée un peu loin et un peu vite avec lui...

SUZETTE.

Mon amour-propre d'auteur blessé m'a fait lui parler bien cruellement, savez-vous ?

BRÈCHEMAIN.

Quant à moi, je l'ai traité comme on ne traite pas le neveu de ses maîtres; et après tout, c'est pour venir nous embrasser plus tôt qu'il a passé par-dessus le mur.

BRIGITTE.

Puisque la faïence se raccommode si facilement, je n'avais pas besoin de tant crier.

LÉONARD.

Pardon! dame Brigitte, j'ai dit cela mais je n'en suis pas sûr!

BRÈCHEMAIN.

Laissez-nous donc tranquilles, vous!... Oui, notre maîtresse, vous avez raison, nous n'avions pas besoin de faire tant de vacarme.

SUZETTE.

Il n'avait été qu'étourdi ; nous, nous avons été méchants...

BRIGITTE.

Voyons! voyons! nous ne pouvons pas laisser partir notre enfant comme cela... Oh! une idée.

SUZETTE.

Vite, maman.

BRIGITTE.

Si nous allions attendre le passage de la voiture au Grand-Ménil?

SUZETTE.

Il n'y a que toi pour avoir des idées pareilles.

BRIGITTE.

Nous ferons descendre Eustache, et nous dînerons tous les quatre chez le meunier du Grand-Ménil.

BRÈCHEMAIN.

Bravo!

LÉONARD.

Mais croyez-vous qu'après la scène que nous lui avons faite, M. le docteur consente...

BRÈCHEMAIN.

Eustache! mais il n'y songe déjà plus, j'en suis sûr.

SUZETTE.

Vite! vite! en route! ah! quel bonheur...

BRIGITTE.

Suzette, ma fille, il faut prendre nos mantes! le soir les routes sont fraîches...

BRÈCHEMAIN.

Moi, je vas dire à Guillaume d'atteler...

LÉONARD.

Hum! hum!

BRIGITTE.

Au désespoir de ne pouvoir vous inviter, mon pauvre Léonard, mais la voiture n'a que cinq places, et comme il est probable que nous ramènerons Eustache...

BRÈCHEMAIN.

D'ailleurs, il faut bien quelqu'un pour garder la maison.

LÉONARD.

Pardon! je n'y pensais plus.

SUZETTE, *au fond.*

Léonard, je vous rapporterai de la galette; les meuniers du Grand-Ménil la font très-bonne.

BRIGITTE.

Dépêchons.

BRÈCHEMAIN.

Vite! vite!

SUZETTE, *du dehors.*

En voiture! en voiture!

LÉONARD, *seul.*

Voilà le docteur qui revient, je n'ai plus qu'à partir, moi! Nous allons voir si l'absence me réussira. (*Haut.*) Bonjour tout le monde.

FIN.

ALPHONSE DAUDET.

8·8

PARIS. — TYPOGRAPHIE DUPRAY DE LA MAHÉRIE, BOULEVARD BONNE-NOUVELLE, 26.

www.ingramcontent.com/pod-product-compliance
Lightning Source LLC
LaVergne TN
LVHW050543100826
845148LV00002B/664

* 9 7 8 2 0 1 2 1 8 1 7 5 5 *